BEI GRIN MACHT SICH IHR WISSEN BEZAHLT

- Wir veröffentlichen Ihre Hausarbeit, Bachelor- und Masterarbeit

- Ihr eigenes eBook und Buch - weltweit in allen wichtigen Shops

- Verdienen Sie an jedem Verkauf

Jetzt bei www.GRIN.com hochladen und kostenlos publizieren

Bibliografische Information der Deutschen Nationalbibliothek:

Die Deutsche Bibliothek verzeichnet diese Publikation in der Deutschen Nationalbibliografie; detaillierte bibliografische Daten sind im Internet über http://dnb.d-nb.de/ abrufbar.

Dieses Werk sowie alle darin enthaltenen einzelnen Beiträge und Abbildungen sind urheberrechtlich geschützt. Jede Verwertung, die nicht ausdrücklich vom Urheberrechtsschutz zugelassen ist, bedarf der vorherigen Zustimmung des Verlages. Das gilt insbesondere für Vervielfältigungen, Bearbeitungen, Übersetzungen, Mikroverfilmungen, Auswertungen durch Datenbanken und für die Einspeicherung und Verarbeitung in elektronische Systeme. Alle Rechte, auch die des auszugsweisen Nachdrucks, der fotomechanischen Wiedergabe (einschließlich Mikrokopie) sowie der Auswertung durch Datenbanken oder ähnliche Einrichtungen, vorbehalten.

Impressum:

Copyright © 2015 GRIN Verlag, Open Publishing GmbH
Druck und Bindung: Books on Demand GmbH, Norderstedt Germany
ISBN: 9783668424289

Dieses Buch bei GRIN:

http://www.grin.com/de/e-book/356024/panem-et-circensis-als-ausgang-einer-vergleichenden-betrachtung-der-tribute

Sophia Brinkmann

Panem et Circensis als Ausgang einer vergleichenden Betrachtung der "Tribute von Panem"

GRIN Verlag

GRIN - Your knowledge has value

Der GRIN Verlag publiziert seit 1998 wissenschaftliche Arbeiten von Studenten, Hochschullehrern und anderen Akademikern als eBook und gedrucktes Buch. Die Verlagswebsite www.grin.com ist die ideale Plattform zur Veröffentlichung von Hausarbeiten, Abschlussarbeiten, wissenschaftlichen Aufsätzen, Dissertationen und Fachbüchern.

Besuchen Sie uns im Internet:

http://www.grin.com/

http://www.facebook.com/grincom

http://www.twitter.com/grin_com

Gymnasium Eickel

Facharbeit
im Grundkurs Latein
Jahrgangsstufe Q1
2014/2015

Thema:

Panem et Circensis als Ausgang einer vergleichenden Betrachtung von Tribute von Panem

Verfasserin: Sophia Brinkmann
Abgabe: 13.3.2015

Inhaltsverzeichnis

1. Einleitung III
2. Juvenals Satire IV
   2.1. Auszüge aus der 10. Satire von Juvenal: IV
   2.2. Übersetzung: V
   2.3. Inhalt und Interpretation V
3. Decimus Junius Juvenalis VII
4. Textgattung der Satire VIII
5. Inhalt Tribute von Panem IX
6. Vergleichender Auszug X
7. Panem et Circensis XI
8. Fazit XIV
9. Literaturverzeichnis XV

1. Einleitung

„[...],difficile est saturam non scribere[1]"

Es ist schwer keine Satire zu schreiben. Dieses Zitat stammt aus einem der ersten Werke von Juvenal und diese. Die Satire entstand im antiken Rom und ist heute noch aktuell, wobei sie noch immer nicht von jedem verstanden wird.

Juvenal kritisiert mit bestimmten Stilmitteln in seinen Satiren die Laster der Gesellschaft. Besonders dabei ist, dass er als Erster die Panem et Circensis Politik anprangerte.

Im Rahmen dieser Facharbeit möchte ich klären, woher der Ausdruck Panem et Circensis kommt und welche Bedeutung er hat. Dazu werde ich mich näher mit dem Autor Juvenal und einem Auszug aus seiner 10. Satire beschäftigen. Des Weiteren möchte ich in Form eines Vergleichs prüfen ob der Aspekt Panem et Circensis auch in der Distopie „Die Tribute von Panem" von Suzanne Collins zu finden ist, beziehungsweise, ob es noch heutige Bespiele gibt.

Außerdem werde ich noch auf den Aspekt der Satire beiden Werken eingehen und mich auch näher mit dieser Textgattung befassen.

---

[1] http://www.thelatinlibrary.com/juvenal/1.shtml Vers 30

2. Juvenals Satire

2.1. Auszüge aus der 10. Satire von Juvenal:

In der 10. Satire geht Juvenal auf die Menschen ein, die seiner Meinung nach nur unnötige Wünsche haben und nicht den Sinn des Lebens verstehen. [2] Ein besonderes Prinzip greift er in den Versen 78-81 auf:

> iam pridem, ex quo suffragia nulli
> uendimus, effudit curas; nam qui dabat olim
> imperium, fasces, legiones, omnia, nunc se
> continet atque duas tantum res anxius optat
> panem et circenses.[3]

Im weiteren Verlauf der 10. Satire geht er auf die Wünsche der Menschen ein und deren Sinn. Abschließend erklärt Juvenal seine Vorstellung vom Leben:

> da spatium vitae, multos da, Iuppiter, annos.'
> hoc recto voltu, solum hoc et pallidus optas.
> sed quam continuis et quantis longa senectus
> plena malis![4]

> nil ergo optabunt homines? si consilium uis,
> permittes ipsis expendere numinibus quid
> conveniat nobis rebusque sit utile nostris;
> nam pro iucundis aptissima quaeque dabunt di.
> carior est illis homo quam sibi.[5]

> monstro quod ipse tibi possis dare; semita certe
> tranquillae per virtutem patet unica vitae.
> nullum numen habes, si sit prudentia nos te, *nos facimus,*
> *Fortuna, deam caeloque locamus.* [6]

---

[2] http://www.decemsys.de/gematrie/orandum/iuvenal-s10.htm
[3] http://www.thelatinlibrary.com/juvenal/10.shtml Vers 78-81
[4] http://www.thelatinlibrary.com/juvenal/10.shtml Vers 188-191
[5] http://www.thelatinlibrary.com/juvenal/10.shtml Vers 346-355
[6] http://www.thelatinlibrary.com/juvenal/10.shtml Vers 363-366

2.2. Übersetzung:

Schon längst, seit wir die Stimmen keinem verkaufen, lässt es die Sorgen los,(das Volk), das einst die Befehlsgewalt, das Konsulat, die Legionen, ja alles gab, hält es sich nun zurück und wünscht sich ängstlich bloß zwei Dinge Brot und Spiele.[...]

`Gib (mir) eine lange Dauer des Lebens, gib (mir) viele Jahre Jupiter´ Dieses wünscht du mit dem unmittelbaren Gesicht und nur dieses mit bleichem, aber von welchen andauernden und wie großen langen Leiden wird das hohe Alter heimgesucht.[...]

Sollen sich die Menschen also nichts wünschen? Wenn du einen Rat möchtest, wirst du den Göttern selbst überlassen, abzuwägen, was uns zukommt und unseren Sachen nützlich ist; denn statt angenehmen Dingen werden die Götter gerade die passendsten geben. Teurer ist jenen der Mensch als er sich selbst.[...]

Ich zeige was du dir selbst geben kannst; mit Gewissheit, sicherlich öffnet sich ein einzigartiger Pfad zu einem ruhigen Leben durch die Tugend. Du wärst keine Gottheit, wenn es Klugheit gäbe, wir, wir machen dich zur Göttin Fortuna und wir stellen dich in den Himmel.

2.3. Inhalt und Interpretation

In dem ersten Abschnitt schreibt Juvenal, dass das Volk, seit die Beamten nicht mehr vom Volk sondern vom Senat gewählt wurden[7], ihre Stimmen nicht mehr an diese verkaufen mussten. Als Konsequenz interessierte dieses sich nicht mehr für die Politik, sondern nur noch für die Unterhaltung. Juvenal hebt auch nochmal besonders die frühere Stellung des Volkes durch das Asyndeton in Zeile drei hervor, denn dort heißt es, dass das Volk die Befehlsgewalt, das Konsulat und die Armee des Staates war. Durch diese Gegenüberstellung der Darstellungen des Volkes zu früheren Zeiten und zu Juvenals Zeiten vermittelt er seinen Widerwillen gegen diese Entwicklung. Des Weiteren nutzt er zur Verstärkung seiner Abneigung das satirische Mittel der Übertreibung (Z.4) und reduziert die Wünsche und Interessen der Menschen auf Brot und Spiele. Der Dichter bringt außerdem seinen Spott gegenüber

---

[7]Juvenal Satiren, Reclam S. 201 Z. 9, 10

dieser Entwicklung durch die Beschreibung des Volkes als ängstlich (Z.4), zum Ausdruck. Mit dem Begriff Panem geht Juvenal auf die lex frumentaria, ein Getreidegesetzt ein, welches besagte, dass der Staat Getreide kaufen und es zu niedrigeren Preisen an die Bürger weiterverkaufen sollte.[8] Der Ausdruck Circensis ist auf die Veranstaltungen, die zur Unterhaltung der Bürger dienten, wie zum Beispiel Gladiatorenkämpfe und Zirkusspiele, zurückzuführen.

Im nächsten Abschnitt geht er auf den Wunsch der Menschen ein, ein langes Leben haben zu wollen. Dies unterstreicht auch das Hyperbaton in Zeile fünf „multos...annos". Es umrahmt die Wörter da und Iuppiter, weshalb man daraus schließen kann, dass die Menschen den Göttern sehr viel Macht zugesprochen haben wie zum Beispiel Entscheidungen über Leben und Tod. Juvenal kritisiert jedoch diesen Wunsch, in dem er über die Konsequenzen und Nachteile eines langen Lebens spricht. Durch das Polysyndeton in Zeile sechs „hoc..hoc" wird auch besonders hervorgehoben, dass dieser Wunsch in jungem Alter erstmals auftaucht und bis zum hohen Alter bestehen bleibt.

Juvenals Rat auf die rhetorische Frage in Zeile 8, ob sich die Menschen nichts mehr wünschen sollen, ist es den Göttern zu vertrauen, da diese am besten wissen, was den jeweiligem Menschen hilft und was am passendsten ist. Es wird noch einmal durch die Alliteration in Zeile zwölf „dabunt di" betont, dass die Götter wissen, was für die Menschen am besten ist und diese auch das Schicksal der Menschen bestimmen. Seiner Meinung nach achten die Götter besser auf die Menschen als diese auf sich selbst, was durch die Inversion in Zeile 13 verstärkt wird.

Abschließend ist für Juvenal die Tugend der Schlüssel zu einem schönen Leben. Das dies ihm besonders wichtig ist, erkennt man durch die Hyperbata in den Zeilen 14 und 15 „semita...unica" und „tranquillae..vitae". Dagegen hält er nur wenig von den Bitten und Gebeten der Menschen und von der Schicksalsgöttin Fortuna, die nur durch die Wünsche und Anbetungen der Menschen zu einer Göttin geworden ist. Seine Abneigung gegen jene bringt er durch die Alliteration in Zeile 16 „nullum numen" und durch das Stilmittel der Hyperbel zum Ausdruck, da man laut Juvenal nur durch die Tugend ein glückliches Leben und Schicksal erreichen kann, nicht aber durch Bitten und Gebete. Des Weiteren gibt Juvenal durch die Anapher und den gleichzeitigen Parallelismus in den Zeilen 16 und 17 „nos te, nos facit" dem Volk die Schuld, da es für ihn der Grund ist, warum es Götter wie Fortuna gibt. Er lässt den

---

[8] http://www.latein.at/elateinneu/index.phpmenid=gesch&autid=nobil&pgsid=403

Leser sehr klar seine Verspottung gegenüber dem Volk, aber auch gegenüber der Fortuna erkennen, obwohl es zu seiner Zeit kaum toleriert wurde, sich gegen die Götter zu stellen. Dies darf jedoch nicht als allzu große Kritik gesehen werde, da er selbst darüber schreibt, dass die Götter über die Menschen wachen (Z. 15). Es soll eher als Kritik gegenüber dem Volk gesehen werden.

Juvenal vermittelt deutlich durch die verwendeten Stilmittel und satirischen Mittel seine moralischen Vorstellungen und seine Kritik, die in den Textauszügen maßgeblich an das Volk gerichtet ist (Z. 4-5; 7-9; 16,17).

3. Decimus Junius Juvenalis

Der römische Satiriker Decimus Junius Juvenalis ist 55 nach Christus in Aquinum, in Norditalien, geboren. Dort erhielt er eine Rhetorikausbildung und arbeitete auch später als Deklamator, also als Rhetoriklehrer, in Rom.[9] Eine kurze Zeit soll Juvenal auch im Krieg gedient haben. Zur seiner Zeit herrschte der Kaiser Domitian, welcher sehr autokratisch, d.h. ohne wesentliche Mitbestimmung der Senatoren, regierte. Des Weiteren zog er die Missgunst der Senatoren auf sich, in dem er sich über die Senatoren stellte, wobei sein Vater und sein Bruder, die Vorgänger Domitians, sich mit diesen gleichgestellt hatten. Im Gegensatz zu den Senatoren war Domitian bei dem Volk und dem Heer sehr beliebt, da er große Circusspiele veranstaltete und Geldschenkungen durchführen ließ. Jedoch galt Domitian auch als Tyrann, da er sich sehr schnell persönlich kritisiert fühlte, wodurch es zu vielen Hinrichtungen und Exilierungen kam.[10][11]

Ein Beispiel ist Juvenal, da dieser, nachdem er sich kritisch gegenüber einem in Kaiser Domitians Gunst stehenden Tänzer äußerte, nach Ägypten verbannt wurde, wobei er auch seinen gesamten Besitz verlor. Nach drei Jahren wurde er von Domitians Nachfolger, Kaiser Nerva, begnadigt und konnte so nach Rom zurückkehren, wo es ihm jedoch aufgrund des verlorenen Besitzes sehr schlecht ging. Seine literarische Laufbahn beginnt 100 n. Chr. Juvenal gehört zu den

---

[9] Vgl. http://www.decemsys.de/gematrie/orandum/iuvenal-s10.htm
[10] Vgl. http://geschichtsverein-koengen.de/RoemKaiser1.htm
[11] Vgl. http://www.romanum.de/main.php?show=biographien/domitian.html

Hauptvertretern der antiken Satire durch seine 16 Satiren, die er, wie es in der Verssatire üblich war, in Hexametern verfasste. In seinen Satiren beschreibt er die Laster der Gesellschaft der damaligen Zeit, wodurch Juvenal ein gutes Bild seiner Zeit vermittelt. 128 n. Chr. ist Decimus Junius Juvenalis gestorben.[12]

4. Textgattung der Satire

Die Satire ist eine literarische Textgattung, die ihren Ursprung in Rom hat. Das Wort Satire leitet sich von den Worten lanx satura ab, was übersetzt „Schüssel mit vermischtem Inhalt" bedeutet.[13] Der Zusammenhang der Begriffe besteht in der Nutzung von verschiedenen Metriken und Themen in einer Satire, wofür sinnbildlich die Schüssel mit dem vermischten Inhalt stehen kann.[14] Die Satire übt Kritik aus und prangert die zeitgenössischen Missstände zum Teil durch humoristische Darstellungen an. Damit möchte sie zum Nachdenken anregen, aber auch provozieren. Manchmal wird Satire auch genutzt, um die Moralvorstellungen des Autors zu offenbaren.

Die Mittel der Satire sind vielfältig, es werden Ironie, Sarkasmus und Spott durch verschiedenste Stilmittel wie die Hyperbel, die Parodie und die Metapher zum Ausdruck gebracht. In der Antike gibt es drei Hauptvertreter der Satire Horaz, Persius und Juvenal, wobei Quintus Ennius der Erste war, der ein Werk mit dem Titel Satura veröffentlichte.[15]

Des Weiteren gibt es 3 Gattungen der Satire in der Antike. Eine davon ist die Verssatire, die auch Juvenal genutzt hat. Sie entstand im Zeitraum von 239 – 169 v. Chr. Und wurde hauptsächlich in Hexametern verfasst. Bei der Menippeischen Satire kam es zu einer Vermischung von der Verssatire und der Prosa. Ihren Namen hat sie durch den kynischen Philosophen Menippos aus Gadara . Vetreter von dieser Form der Satire sind unter anderem L. Annaeus Seneca und M. Terentius Varro. Darüber

---

[12] Vgl. http://www.gutzitiert.de/biografie_juvenal-bio1569.html

[13] Vgl. http://www.breu-seite.de/pdf/satire.pdf

[14] Vgl. http://www.collegium-metamense.de/latein/crashkurs/c19.htm

[15] Vgl. Fußnote 14

hinaus gibt es noch die Romansatire, wobei auch Prosa und Vers vermischt wurden, es jedoch vorrangig um die Unterhaltung der Leser ging.[16]

5. Inhalt Tribute von Panem

In der Romantrilogie „Die Tribute von Panem" von Suzanne Collins geht es um das Mädchen Katniss Everdeen, welches zu den alljährlichen Hungerspielen antreten muss.

Nordamerika ist durch einen Krieg zerstört worden und heißt nun Panem. Es unterteilt sich in 12 Distrikte, die das Kapitol mit Rohstoffen versorgen, wobei die Bewohner des Kapitols selbst in Reichtum leben und die Menschen in den Distrikten arm sind. So ergeht es auch der 16-jährigen Katniss Everdeen, die mit ihrer Mutter und ihrer Schwester in Distrikt 12 lebt. Ihr Vater ist bei einem Bergwerkunglück ums Leben gekommen. Um zu überleben und die Familie zu ernähren, muss Katniss verbotenerweise im Wald jagen gehen.

Die Hungerspiele sind die Strafe für einen früheren Aufstand des 13. Distriktes gegen das Kapitol. Dort müssen sich jedes Jahr ein Junge und ein Mädchen im Alter zwischen 12 und 18 Jahren aus jedem Distrikt solange bekämpfen, bis nur noch ein sogenannter Tribut übrig bleibt, welcher dann als Sieger gekrönt wird.

Als die 12-jährige Schwester von Katniss, Primrose, bei der „Ernte" der Tribute gezogen wird, meldet sich Katniss freiwillig, da sie weiß, dass 12-jährige kaum eine Chance haben, bei den Hungerspielen zu überleben. Als männlicher Tribut wird Peeta Mellark ausgewählt. Alle Tribute werden in das Kapitol eingeladen und dort auf die Zeit in der Arena, durch zum Beispiel Training und Überlebenstechniken, vorbereitet.

Des Weiteren müssen die Tribute versuchen, Sponsoren zu sammeln, weil diese ihnen in der Arena durch Geschenke in Form von Essen und Trinken das Überleben sichern könnten. Dazu werden die Tribute in schöner Kleidung präsentiert, nach ihren Fähigkeiten mit Punkten bewertet, welche eine Skala der

---

[16] Vgl. Fußnote 13

Überlebenswahrscheinlichkeit darstellen und es wird ein Interview durchgeführt.

Der Plan des Mentors ist es, Katniss und Peeta als tragisches Liebespaar aus Distrikt 12 zu vermarkten um ihnen die Sponsoren zu sichern. Deswegen gibt Peeta bei dem Interview zu, für Katniss Gefühle zu haben, was auch der Wirklichkeit entspricht. Katniss muss dies als gute Strategie anerkennen, wodurch sich ihre Überlebenswahrscheinlichkeit erhöht.

In der Arena gehen beide jedoch verschiedene Wege und treffen erst nach einer Regeländerung aufeinander, bei der es heißt, dass zwei Tribute gewinnen können sofern sie aus dem selben Distrikt sind. Von da an wird die Strategie des tragischen Liebespaars weiterverfolgt. Als nur noch diese Beiden am Leben sind, wird die Regeländerung kurzfristig zurückgezogen. Jedoch gelingt es Katniss und Peeta, das Kapitol auszutricksen und beide werden doch noch zu Siegern gekrönt. Das erste Buch endet mit der Rückkehr nach Distrikt 12, wo sie gefeiert werden. Jedoch ist der Diktator von Panem, Präsident Snow, durch die Bloßstellung wüntend.

6. Vergleichender Auszug

1) „Sagen wir, jemand ist arm und hungrig wie wir. Dann kann er seinen Namen noch öfter hinzufügen lassen, im Tausch gegen Tesserasteine. Jeder Tesserastein ist eine karge Jahresration Getreide und Öl für eine Person. Auch für seine Familienmitglieder kann man Tesserasteine erwerben."[17]

2) „Damit es für uns erniedrigend und qualvoll zugleich ist, verlangt das Kapitol, dass wir die Hungerspiele wie ein Fest feiern, ein Sportereignis, bei dem sich die Distrikte miteinander messen"[18]

3) **Effi Trinket vor der Ernte:** „Fröhliche Hungerspiele! Und möge das Glück stets mit euch sein!"[19]

---

[17] Die Tribute von Panem S.18 Z.21 ff.
[18] Die Tribute von Panem S. 24 Z. 28 ff.
[19] Die Tribute von Panme S. 25; Z. 25, 26

4) *Einfahrt ins Kapitol:* „Als die Leute den Zug mit den Tributen entdecken, zeigen sie aufgeregt auf uns. Ich trete vom Fenster weg, angewidert von ihrer Begeisterung, denn ich weiß, dass sie es nicht abwarten können, uns sterben zu sehen."[20]

5) *Erste offizielle Präsentation der Tribute:* „Die Leute vom Kapitol rasten total aus, sie überschütten uns mit Blumen, rufen unsere Namen, unsere Vornamen, die sie im Programm nachgelesen haben."[21]

6) *Mentor, der den Tributen Überlebenstipps geben soll:* „Na und? Das hier ist alles nur eine riesige Show. Es geht darum wie du wahrgenommen wirst."[22]

7) *Tod des letzten Tributs:* „Warum töten sie ihn nicht einfach?", fragte ich Peeta. „du weißt, warum", sagte er [...]. Ja ich weiß es. Kein Zuschauer kann jetzt weggucken. Für die Spielmacher ist es Topunterhaltung, der absolute Höhepunkt."[23]

7. Panem et Circensis

Das Prinzip Brot und Spiele hat ihren Ursprung in Rom. Der Entdecker war Gaius Sempronius Gracchus, der die lex frumentaria, ein Gesetz, was besagte, dass der Staat Getreide einkaufen und es günstig an die Bevölkerung weiterverkaufen sollte, erließ.[24] Dies sicherte ihm die Stimmen des Volkes, um die gracchischen Reformen durchzusetzen.[25] Dieses Prinzip nutzte auch Kaiser Trajan, welcher von 98 bis 117 nach Christus, also während der Lebenszeit von Juvenals, regierte. Ein Beispiel sind die Steuern, die jetzt vom Staat selbst eingetrieben wurden, was zu weniger Steuerausfällen führte. Das Volk, welches Trajan sehr verehrte, zog er durch Geschenke, aber auch durch Erlassung von Schulden durch frühere Prinzipate, auf seine Seite.[26] Dieses Prinzip diente dazu, das Volk zu besänftigen und abzulenken

---

[20] Die Tribute von Panem S. 69; Z. 12 ff.
[21] Die Tribute von Panem S. 81 Z. 13 ff.
[22] Die Tribute von Panem S. 153 Z. 30 ff.
[23] Die Tribute von Panem S. 378 Z. 4 ff.
[24] Vgl. Fußnote 9
[25] Vgl. http://www.latein.at/elatein-neu/index.php?menid=gesch&autid=nobil&pgsid=404
[26] Vgl. http://www.romanum.de/main.php?show=biographien/domitian.html

und im Gegenzug die Interessen des Herrschers, meist in der Politik, durchzusetzen. Juvenal kritisierte mit seinem Ausspruch das Volk, welches sich durch diese zwei Dinge ablenken lässt und darauf reinfällt.

Doch obwohl diese Zeit schon ca. 2000 Jahre zurückliegt, ist der Gedanke Brot und Spiele noch nicht vergessen worden. Ein gutes Beispiel ist das Buch die Tribute von Panem, was dieses Prinzip zu einem Roman verarbeitet.

Der Aspekt Panem wird schon im Titel genannt, woraus man schließen kann, dass die Distrikte mit Brot ruhiggestellt werden, damit es zu keinen Aufständen kommt. Dies unterstützt auch der erste Auszug aus dem Buch, wo beschrieben wird, dass der Staat, ähnlich wie bei der lex frumentaria, Getreide verteilt (Z.2,3). Jedoch wird auch beschrieben, dass man seinen Namen öfters „hinzufügen lassen" (Z..1,2) muss, womit sich die Wahrscheinlichkeit, zu den Hungerspielen zu müssen, erhöht. Im nächsten Auszug wird auch die Satire deutlich, da es heißt, dass sie die Hungerspiele wie „ein Sportereignis" (Z. 2) feiern müssen. Aus dem Blickwinkel der Distrikte ist der Aspekt Circensis nur „erniedrigend" (Z. 1), deswegen macht es Sinn, diesen Aspekt aus der Sichtweise der Menschen, die im Kapitol leben, zu betrachten, denn für diese ist das Spiel hauptsächlich gedacht. Besonders die Auszüge 3), 4) und 5) zeigen deutlich auf, dass die Hungerspiele von den Menschen im Kapitol als das Ereignis des Jahres gesehen werden. Kurz vor der Ernte der Tribute, wie es im Buch genant wird, und was auch wieder die Satire zeigt, da man Menschen nicht „ernten" kann, wünscht Effi Trinket, die aus dem Kapitol kommt um die Tribute einzusammeln, „Fröhliche Hungerspiele" (vgl. 3). Dies zeigt auf, dass die Hungerspiel, wo sich Jugendliche töten sollen, ein Fest der Freude ist. Die Auszüge 4. und 5. zeigen, dass sie kein Einzelfall ist, sondern das komplette Kapitol nicht nur erfreut ist, die Tribute kennenzulernen, sondern „total ausrastet" (vgl 5. Z. 1). Des Weiteren wird durch die Zeilen 2 und 3 im 4. Auszug klar, dass die Menschen des Kapitols, voller Begeisterung des Aspektes Circensis, vergessen haben, dass Menschen für ihr Vergnügen sterben müssen.

Es ist auch bei diesem Aspekt eine sehr starke Ähnlichkeit zwischen den Spielen zu Juvenals Zeiten und den Spielen in diesem Buch zu erkennen, da bei Gladiatorenkämpfen, aber auch bei Wagenrennen und anderen Unterhaltungsmöglichkeiten, viele Menschen gestorben sind. Den Zuschauern war auch damals schon die Grausamkeit nicht bewusst beziehungsweise egal, wodurch es auch Kindern erlaubt war, solche Kämpfe mitanzusehen. Im 6. Auszug wird klar worum es bei den Spielen geht, nämlich um eine Show, die dazu dient, die Leute im Kapitol zu beschäftigen und abzulenken. Der 7. Auszug zeigt nochmal, dass, je größer die Grausamkeit, desto unterhaltsamer die Show ist.

Zu der Satire ist zu sagen, dass diese sich durch das ganze Buch zieht. Sie beginnt bei der Zelebrierung der Hungerspiele und wird besonders deutlich an den Stellen, wo die Tribute präsentiert werden, wie zum Beispiel bei der offiziellen Vorstellung der Tribute, dem Interview und der Bewertung. Dort gibt es auch eine besondere Szene, bei der sich zeigt, dass die Spielmacher sich kaum für die Tribute interessieren:

„Plötzlich werde ich stinkwütend. Weil sie nicht einmal den Anstand besitzen, mir Aufmerksamkeit zu schenken, wo doch mein Leben auf dem Spiel steht. Weil mir ein totes Schwein die Schau stiehlt."[27]

Dies gibt auch Grund zur Annahme, dass die Spiele nur ein Mittel zum Zweck sind und die Präsentation der Tribute nur zur Unterhaltung der Menschen im Kapitol dient.

Zusammenfassend lässt sich sagen, dass sich der Gedanke von Panem et Circensis kaum verändert hat und es viele Parallelen zwischen dem Ausspruch von Juvenal und dem Buch „Die Tribute von Panem" gibt. Es geht immer noch um die Ablenkung und Besänftigung der Menschen, um in der Politik Reformen durchsetzen zu können beziehungsweise, wie bei die Tribute von Panem, die Menschen in den Distrikten zu beruhigen und die Menschen im Kapitol zu beschäftigen. Das Buch ist jedoch eine fiktive Geschichte und lässt sich nicht ohne Weiteres auf die Realität beziehen. Dafür findet man jedoch in der heutigen Zeit genug Bespiele, in denen dieses Prinzip weiterlebt. Eines davon ist die Fußball WM 2006, wo jeder zum Fußballfan wurde und die Euphorie über die Leistungen der Nationalmannschaft im eigenen Land Überhand gewann, sodass die Diskussion um die Erhöhung der Mehrwertsteuer in den Hintergrund gerückt wurde. Ein weiteres Beispiel sind die Stierkämpfe in Spanien, die nur dazu dienen, die Menschen auf Kosten der Tiere zu unterhalten.

---

[27] Die Tribute von Panem S. 115 Z. 11 ff.

8. Fazit

Juvenal beschreibt in den Auszügen seiner 10. Satire die Panem et Circensis Politik, die besagt, dass die Menschen nur noch an Brot und Spiele interessiert sind und sich so von den wesentlichen Dingen, wie die Politik ablenken lassen. Des Weiteren wird auch seine moralischen Vorstellungen zum Leben mit Hilfe der satirischen Mittel deutlich. Jedoch können einige Menchen die Satire, welche aktuelle Umstände verspotten und damit kritisieren möchte, nicht verstehen, wie man an Juvenals Verbannung, aber auch an anderen aktuellen Beispielen sehen kann.

Die Dystopie „Die Tribute von Panem" spielt den Grundgedanken von Panem et Circensis in einer fiktiven Zukunft durch, wobei man auch sieht, dass die Spiele um jeden Preis unterhaltsam sein sollen, was der Vergleich der Gladiatorenkämpfe mit den Hungerspielen erkennen lässt.

Abschließend kann man sagen, dass der Gedanke von Brot und Spiele ein beliebtes Herrschaftsmittel ist, da obwohl sein Entdecker Gaius Sempronius Gracchus schon lange tot ist, diese Politik noch als heutiges Herschafftsmittel genutzt wird. Somit wird diesem Gedanken auch heute noch eine große Rolle zugeschrieben.

9. Literaturverzeichnis

Buchquellen:
- Collins, Suzanne: Die Tribute von Panem. Tödliche Spiele. Hamburg. 2009
- J.M.Stowasser. M.Petscheng. F. Skutsch. Stowasser: Lateinisch-deutsches Schulwörterbuch. Oldenbourg. 1994
- Juvenal (Autor). Schnur, Harry C. (Übersetzer): Satiren. Stuttgart. 1986

Internetquellen:
- Alojado Publishing: Juvenal

http://www.gutzitiert.de/biografie_juvenal-bio1569.html (8.3.2015)
- Breu,Günter: Satire

http://www.breu-seite.de/pdf/satire.pdf (7.3.2015)
- Gabelmann, Ralf: Domitian

http://www.romanum.de/main.php?show=biographien/domitian.html (5/8.3..2015)
- Griesshaber, Dieter: Kaiser Domitian (81-96 n. Chr.)

http://geschichtsverein-koengen.de/RoemKaiser1.htm (5.3.2015)
- Juvenal,Decimus Iunus: D. Iuni Iuvenalis Satura

http://www.thelatinlibrary.com/juvenal/10.shtml (8.2.2015)
- Koerner, Josephus: Die Satire

http://www.collegium-metamense.de/latein/crashkurs/c19.htm (7.3.2015)
- Köhler, Ulrich,Scott-Köhler, Ingrid :Juvenal

http://www.ulikoehler.de/Sachkunde/Iuvenal.html (1.3.2015)
- Rieble, Armin: Anmerkungen zu Juvenal, 10. Satire

http://www.decemsys.de/gematrie/orandum/iuvenal-s10.htm (8.2.2015; 1.3.2015)
- Schmid, Martin; Rohde Hannes: Das Versagen der Nobilität und seine Folgen

http://www.latein.at/elateinneu/index.phpmenid=gesch&autid=nobil&pgsid=403 (7.3.2015)
- Schmid, Martin; Rohde Hannes: Das Versagen der Nobilität und seine Folgen

http://www.latein.at/elateinneu/index.phpmenid=gesch&autid=nobil&pgsid=404 (8.3.2015)
- http://www.frag-caesar.de (8.2.2015) (Wörterbuch)

BEI GRIN MACHT SICH IHR WISSEN BEZAHLT

- Wir veröffentlichen Ihre Hausarbeit, Bachelor- und Masterarbeit

- Ihr eigenes eBook und Buch - weltweit in allen wichtigen Shops

- Verdienen Sie an jedem Verkauf

Jetzt bei www.GRIN.com hochladen und kostenlos publizieren